Dinheiro rápido num fim-de-semana.

DINHEIRO RÁPIDO NUM FIM-DE-SEMANA

Por: D.K. Hawkins
Série "Dinheiro Rápido"
Versão 1.1 ~Novembro de 2022
Publicado por D.K. Hawkins no KDP
Copyright ©2022 por D.K. Hawkins. Todos os direitos reservados.

Nenhuma parte desta publicação pode ser reproduzida, distribuída ou transmitida sob qualquer forma ou por qualquer meio, incluindo fotocópia, gravação ou outros métodos electrónicos ou mecânicos, ou por qualquer sistema de armazenamento ou recuperação de informação sem a prévia autorização escrita dos editores, excepto no caso de citações muito breves incorporadas em revisões críticas e certos outros usos não comerciais permitidos pela lei de direitos de autor.

Todos os direitos reservados, incluindo o direito de reprodução no todo ou em parte, sob qualquer forma.

Todas as informações contidas neste livro foram cuidadosamente pesquisadas e verificadas quanto à sua exactidão factual. Contudo, o autor e a editora não dão qualquer garantia, expressa ou implícita, de que a informação aqui contida é apropriada para cada indivíduo, situação ou finalidade e não assumem qualquer responsabilidade por erros ou omissões.

O leitor assume o risco e total responsabilidade por todas as acções. O autor não será considerado responsável por qualquer perda ou dano, seja consequente, incidental, especial ou não, que possa resultar da informação apresentada neste livro.

Todas as imagens são gratuitas para utilização ou adquiridas em sítios de fotografia de stock ou livres de royalties para utilização comercial. Confiei nas minhas próprias observações bem como em muitas fontes diferentes para este livro, e fiz o meu melhor para verificar os factos e dar crédito onde ele é devido. No caso de qualquer material ser utilizado sem a devida permissão, por favor contacte-me para que a omissão possa ser corrigida.

A informação fornecida neste livro é apenas para fins informativos e não pretende ser uma fonte de aconselhamento ou análise de crédito no que respeita ao material apresentado. As informações e/ou documentos contidos neste livro não constituem aconselhamento jurídico ou financeiro e nunca devem ser utilizados sem primeiro consultar um profissional financeiro para determinar o que pode ser melhor para as suas necessidades individuais.

A editora e o autor não fazem qualquer garantia ou outra promessa quanto a quaisquer resultados que possam ser obtidos com a utilização do conteúdo deste livro. Nunca deverá tomar qualquer decisão de investimento sem primeiro consultar o seu próprio consultor financeiro e realizar as suas próprias pesquisas e diligências. Na medida máxima permitida por lei, a editora e o autor declaram toda e qualquer responsabilidade no caso de quaisquer informações, comentários, análises, opiniões, conselhos e/ou recomendações contidas neste livro se revelarem inexactas, incompletas, ou não fiáveis ou resultarem em qualquer investimento ou outras perdas.

O conteúdo contido ou disponibilizado através deste livro não se destina e não constitui aconselhamento jurídico ou de investimento, e não é formada qualquer relação advogado-cliente. A editora e o autor fornecem este livro e o seu conteúdo numa base de "tal como está". A sua utilização das informações contidas neste livro é por sua conta e risco.

ÍNDICE.

Dinheiro rápido num fim-de-semana. 1
ÍNDICE. 4
INTRODUÇÃO. 7
CAPÍTULO 1: PORQUÊ GANHAR DINHEIRO RÁPIDO NUM FIM-DE-SEMANA? 10
CAPÍTULO 2: FORMAS DE GANHAR DINHEIRO RÁPIDO AO FIM-DE-SEMANA. 14

    1. Venda de Coisas de Outras Pessoas. 14
    2. Artigos de escrita. 16
    3. Criar um blogue. 22
    4. Cuidador doméstico. 31
    5. Serviços de limpeza doméstica. 40
    6. Serviços de pintura residencial. 44
    7. Serviços de passear cães. 48
    8. Negócio de máquinas de venda automática. 52
    9. eBay & Craigslist. 57
    10. Troca de Marketing de Encontros. 58
    11. Serviço de babysitter. 68
    12. Vender Ceia. 71
    13. Inquérito pago. 71
    14. Venda Espaço para Publicidade no seu Blog. 73
    15. Marketing de afiliação. 75
    16. Leiloeirista online. 78

17. Trabalho por conta própria. 79
18. Receba Dinheiro para a sua Electrónica. 80
19. Trabalho em Auto Detailing. 81
20. Esculpir bolos. 81
21. Fotografia animal. 82
22. Coisas feitas à medida. 83
23. Tutoria. 84
24. Detalhamento de veículos. 86
25. Preservação da propriedade comercial. 86
26. Guarda-vida. 87
27. Mão de cena para uma banda ou grupo de teatro. 87
28. Iniciar um negócio de manutenção de automóveis. 88
29. Participar numa condução de garrafas. 89
30. Realizar uma venda de pátio. 89
31. O papel de jornal. 89
32. Landscaper temporário. 90
33. Iniciar um pequeno negócio. 90
34. Utilize o seu Know-How. 90
35. Aluguer de Férias Particulares. 91

CAPÍTULO 5: EMPREGOS DE FIM-DE-SEMANA PREFERIDOS DOS ESTUDANTES UNIVERSITÁRIOS. 94

CAPÍTULO 6: GANHAR $1,000 EM APENAS UM FIM-DE-SEMANA. 97

CAPÍTULO 7: PASSOS PARA ENCONTRAR RAPIDAMENTE UM TRABALHO DE FIM-DE-SEMANA. 103

CAPÍTULO 8: AS MINHAS 50 MELHORES FORMAS DE GANHAR $100 ONLINE NUM FIM-DE-SEMANA. 108

CONCLUSÃO. 117

INTRODUÇÃO.

Este fim-de-semana, há muitas oportunidades para se conseguir um rendimento rápido sem gastar nada. Certamente, existem muitas alternativas diferentes e sem custos para ganhar dinheiro. Muitos indivíduos têm dominado estes métodos e começaram a abandonar gradualmente a corrida do rato. Permita-me fornecer algumas técnicas simples para escapar à corrida de ratos.

Por exemplo, a obtenção de artigos de reimpressão é a forma mais rápida de começar com o blogue AdSense. Os artigos reimpressos são artigos gratuitos que podem ser publicados num sítio como conteúdo. Primeiro inscrever-se-ia num blogue gratuito e afixaria aí os seus artigos reimpressos.

Depois, publicaria pelo menos 10 artigos e submetê-los aos directórios principais para promover o seu sítio, e voilá! As pessoas interessar-se-ão pelo seu blogue e, sem dúvida, clicarão nos seus anúncios do AdSense, e será compensado por isso para que tenha algum dinheiro rápido antes do fim-de-semana! (A resposta para fazer grandes quantias de dinheiro com estes blogues é criar pelo menos cinco deles).

Começar com a distribuição de artigos a directórios de artigos pode não lhe render muito dinheiro imediatamente. Ainda assim, este processo constrói-se de forma constante e faz um tremendo volume de tráfego quando se submetem muitos artigos.

Existem vários métodos para aderir a fóruns e vender conteúdos. Ficará surpreendido com a quantidade de indivíduos que desejam comprar o seu material. Já o fiz, e as pessoas adoram comprar o conteúdo dos fóruns. Quanto é que pode ganhar simplesmente criando e vendendo artigos?

Se está a falar a sério, pode escrever um artigo em quinze minutos e cobrar $5 por cada artigo. Pode ver a rapidez com que isto se acumula e ganha pelo menos $100 até este fim-de-semana. Aqui estão algumas das melhores sugestões para a elaboração, mas aqui está a solução final.

Actualmente, se acredita que o seu salário é suficiente, está enganado. As pessoas competem para encontrar mais emprego para melhorar a sua situação financeira para um amanhã mais brilhante. O emprego a tempo parcial no fim-de-semana é um dos empregos extra mais comuns.

O seu único objectivo é aumentar o seu bem-estar financeiro. Além disso, horários flexíveis beneficiarão outros e não irão interferir com o seu emprego principal. Se decidir caçar para um emprego de fim-de-semana, a explicação abaixo pode ser de ajuda. Leitura Feliz.

CAPÍTULO 1: PORQUÊ GANHAR DINHEIRO RÁPIDO NUM FIM-DE-SEMANA?

Primeiro, precisamos da oportunidade, que a economia moderna proporciona diariamente perto do local onde reside! Para a maioria das famílias que vivem de salário a salário, é uma bênção e ainda é extremamente possível ganhar dinheiro rápido todos os fins-de-semana. Não estou a referir-me ao marketing multinível, à criação de produtos, ou à chamada a frio.

É difícil quando se faz tudo o que se pode para pagar as contas, e um pequeno aumento no rendimento dar-lhe-ia algum espaço para respirar. Assim que descobrisse isto, poderia pagar o meu carro e cartões de crédito com o outro dinheiro gerado. Eles eram a minha principal preocupação porque estava cansado de pagar todo o meu dinheiro aos credores, mas se quiser uma televisão de ecrã grande, vá em frente.

Quando descrevo um método único para ganhar dinheiro rapidamente, não me refiro ao dinheiro gratuito que pode ser obtido sem esforço, uma vez que este não existe. Se não se importar com um pouco de trabalho, pode estabelecer o seu próprio negócio por menos de $100 e operar sob o radar enquanto gera rendimentos extra. então, escute atentamente.

Quer a economia seja forte ou má, as prioridades de todos mudam, e o mesmo se aplica àqueles que armazenam os seus bens mais valiosos em pequenas unidades de armazenamento. Algumas destas unidades acabam por ser abandonadas, e a renda mensal não é paga. Esta é uma excelente oportunidade para licitar uma unidade e ganhar o seu conteúdo.

Quando se ganha um leilão e se explora o conteúdo da unidade de armazenamento compacta, é como se fosse Natal. Alguns produtos, como a câmara de vídeo topo de gama que ganhei, ser-lhe-ão úteis a si e à sua família. Depois, terá de obter preços para as outras coisas, que lhe mostrarei como realizar facilmente online.

Não precisa de vender estes produtos; basta apresentar um anúncio com a linguagem apropriada para o fazer sobressair. Além disso, existe um website que pode vender os seus produtos em menos de vinte e quatro horas por dinheiro, sem qualquer custo.

Examine as mini unidades de armazenamento no seu bairro e municípios adjacentes que pode utilizar para ganhar dinheiro rápido. O conteúdo destas Unidades de Armazenamento deve ser relocalizado antes de poderem ser novamente alugadas. Oferece um serviço para os ajudar, pelo qual é generosamente compensado.

Mais de noventa por cento dos que lêem isto não farão nada. Aqueles que vão agora fazer uma oferta podem ser dissuadidos por não ganharem ofertas da primeira vez e abandonarem os seus esforços.

No entanto, não são como eles; precisam disto e são persistentes; percebem que com o tempo aprenderão coisas novas ao falar com aqueles que já ganharam experiência e alcançaram grande sucesso.

CAPÍTULO 2: FORMAS DE GANHAR DINHEIRO RÁPIDO AO FIM-DE-SEMANA.

1. Venda de Coisas de Outras Pessoas.

Ajudar outros a ganhar dinheiro é um negócio lucrativo, e existe uma forte possibilidade de dar a outros uma forma rápida e fácil de ganhar dinheiro. A maioria de nós acumulou mais bens materiais do que o necessário. Esta é uma oportunidade de ouro para adquirir um negócio que prosperaria durante as dificuldades económicas.

Como? Pode ganhar dinheiro nos fins-de-semana dando os seus serviços como Garage and Estate Sale Planner e vendendo os pertences de outras pessoas. Já sabemos que muitas pessoas têm muitos artigos nas suas garagens ou casas que podem vender, e também sabemos que as pessoas estão a tentar poupar dinheiro para que possam comprar em lojas de desconto. O que poderia ser um melhor local de compras do que uma garagem ou venda de imóveis?

Oferece-se para organizar a venda de artigos de A a Z, para que as pessoas possam chegar com uma boa soma de dinheiro no fim-de-semana. Será responsável por cada aspecto do projecto. Compõe uma lista dos produtos a vender e o preço para os vender e pede simplesmente ao seu cliente que assine o formulário e lhes dê uma cópia. Organizará a publicidade e promoção da venda e até mesmo a venda dos próprios produtos.

Poderá ficar surpreendido ao perceber quanto as pessoas têm realmente de vender e quanto vale isso à espera numa garagem. Pode também alertar os vizinhos de que está a realizar uma venda e perguntar-lhes se querem organizar uma.

Eles podem participar preparando uma caixa de produtos para que você a recolha. Isto pode levar a que outro cliente deseje a sua venda ou simplesmente dar-lhe uma amostra do que está a fazer pelos seus vizinhos. Em qualquer dos casos, está a ajudar aqueles que precisam de um pouco mais de dinheiro e a ganhar um negócio que precisa apenas do seu talento para organizar e publicitar.

2. Artigos de escrita.

Está ciente de que escrever artigos pode proporcionar um rendimento substancial? É considerado como uma das indústrias cada vez mais multibilionárias da Internet. Quais são as chaves para ser um escritor de artigos de sucesso ou operar um negócio domiciliário que vende serviços de redacção de artigos? Vou descrever os sete hábitos de um escritor de artigos de sucesso.

Proactivo.

Ao iniciar um negócio, irá descobrir que milhares de outros fazem a mesma coisa, mas porque é que algumas pessoas se sobressaem enquanto outras falham? Os autores de artigos sem sucesso antecipam passivamente uma encomenda. Esta característica distingue os bons escritores de artigos dos outros.

Eles não investem tempo no desenvolvimento do seu negócio de redacção de artigos. Pode-se ser proactivo de muitas maneiras, incluindo a criação de um perfil de vídeo, frequentar cursos de redacção de artigos, e criar redes com outros autores online ou offline. Todas estas acções farão mais encomendas de redacção de artigos e sugestões para se tornar um melhor escritor.

Perspectiva a longo prazo.

Os autores de artigos bem sucedidos têm um objectivo a longo prazo que conduzirá ao sucesso a longo prazo. Estabelecem os seus objectivos de estilo de vida de modo a poderem trabalhar quando e onde quiserem.

Com este ideal de estilo de vida em mente, fariam tudo o que fosse possível para alcançar o sucesso. Como em todos os outros negócios na Internet, a redacção de artigos não é uma forma rápida de ganhar dinheiro. Leva tempo a desenvolver conhecimentos, reputação, e SEO.

Ser Pontual.

Quem tem tempo para isso? Ninguém está correcto. Os autores de artigos bem sucedidos compreendem a importância da pontualidade. Eles estabelecem objectivos diários, horários e segundos por segundo para trabalhar.

É assim que o esforço modesto acumula o sucesso ao longo do tempo. A entrega de conteúdos de alta qualidade e pontuais ao seu cliente melhoraria a sua reputação. Torna-se um anúncio gratuito na Internet para si.

Sempre Vitorioso.

Os autores de artigos bem sucedidos não procuram circunstâncias de ganhar-perder nas transacções comerciais. Concentrar-se-ão na forma como o seu trabalho pode ajudar os outros a gerar receitas. Partilham os seus contactos e recursos com outros redactores de artigos para estabelecer uma grande rede. Assim, um negócio sustentável pode ser criado através da utilização dos seus conhecimentos e competências para atrair muitas perspectivas.

Seja Positivo.

O princípio da Lei da Atracção é eficaz para os autores de artigos e os seus negócios. A energia positiva atrai energia positiva para si própria. Encontram formas de melhorar quando estão confiantes no seu trabalho e aceitam a responsabilidade pelo resultado. Por conseguinte, expandem rapidamente a sua rede.

Esteja disposto a aprender.

O conhecimento está em constante evolução. Os redactores de artigos podem escolher nichos com mais conhecimentos, mas devem actualizar continuamente os seus conhecimentos, terminologia e expressões. Não importa quão polidos sejam os seus talentos, os seus escritos não conseguirão cativar os leitores se deixarem de aprender. Se escrever como um professor dos anos 80, será impossível atrair os leitores.

Compromisso.

Este é um hábito essencial de todos os indivíduos bem sucedidos. Elimine "Eu vou tentar" do seu dicionário mental. Quando transformam "tentar" em "deve", eles comprometem-se. Isto implica abdicar do seu tempo livre para assistir a novelas intermináveis, Facebook e montras aos fins-de-semana. Quando se deparam com barreiras ou rejeições, lembram-se imediatamente da sua visão e retomam o trabalho.

Mal podem esperar para começar a escrever, por isso devem conectar-se com um especialista em redacção de artigos que possa servir como seu mentor. O primeiro passo é ele partilhar os seus anos de experiência e uma biblioteca secreta. Clique aqui para mais detalhes.

O marketing de artigos é uma forma simples de ganhar dinheiro, se feito correctamente. É mais fácil do que muitas outras oportunidades de fazer dinheiro online. Por exemplo, o marketing usando artigos é muito mais simples do que a optimização para motores de busca, na qual se tenta classificar páginas no seu website para várias frases-chave que um utilizador pode introduzir no Google.

Os vídeos são a única coisa em que consigo pensar comparável aos artigos, e o marketing por vídeo é praticamente o mesmo que o marketing por artigos, excepto que se utilizam vídeos. Este marketing é também significativamente mais tolerante do que o marketing pay-per-click, onde pode rapidamente perder muito dinheiro. Também precisa de muito menos tempo do que o marketing nos meios de comunicação social.

Pode ganhar muito dinheiro com o marketing de artigos! É básico. Não é obrigado a criar um website elaborado ou algo semelhante. Para começar, só precisa de um computador e de algum tempo sentado. Oh sim, tem de saber o que está a fazer! À luz disto, vamos examinar alguns dos talentos que pode precisar para o sucesso nesta forma de marketing.

Bem, o que posso dizer? Deve ter a capacidade de escrever. No entanto, tem sorte. Isto não é escola, e não serás classificado. Na verdade, avaliam-no através da compra dos seus bens, mas este não é um sistema de classificação tradicional.

Se sabe escrever, pode ganhar dinheiro com o marketing de artigos; mas não precisa de escrever eficazmente. O facto de ter um conteúdo significativo na sua escrita é muito mais essencial. Não precisa de ser destruidor de terra.

Não precisa de encontrar a fórmula de Einstein cada vez que escreve, mas deve ser capaz de transmitir conhecimentos que outros precisam e querem. Isto indica que provavelmente deverá escrever artigos sobre temas eternamente populares, tais como perda de peso, auto-ajuda, e como ganhar mais dinheiro.

3. Criar um blogue.

Já deve ter ouvido dizer que os blogues podem ser lucrativos, e provavelmente já foi inundado por e-mails a dizer como fazer milhares durante a noite, escrevendo sozinho. Quem não poderia usar dinheiro extra todos os meses nestes tempos económicos difíceis? Felizmente, reconhece um esquema quando vê um e não caiu na armadilha dos marketeiros de comprar programa atrás de programa em busca de um que funcione.

A verdadeira tragédia é que se pode ganhar dinheiro a fazer blogues, e milhares de pessoas já o fazem. Não se tornará rico da noite para o dia, mas se estiver preparado para fazer um pequeno esforço, poderá obter um rendimento estável para ajudar com as necessidades familiares. Se dedicar tempo e esforço, poderá ganhar milhões (mas não da noite para o dia). Pode substituir o seu trabalho diário por um blogue.

Mas para ganhar dinheiro, é preciso compreender os fundamentos da indústria de blogues.

Escolha um Nicho.

Precisará de um tema sobre o qual escrever; seleccionar o tema certo pode significar distinguir entre sucesso e fracasso. O objectivo final é atrair visitantes para o seu website, cultivar uma relação com eles, e depois vender-lhes algo. A escolha de um nicho com pouca concorrência é crucial para alcançar este objectivo.

Como se realiza isto?

Existem, no entanto, certas orientações gerais a ter em mente. Um velho provérbio de marketing directo é que um comerciante (que se tornará) deve identificar uma multidão faminta, determinar o que lhe apetece, e depois alimentá-la.

Outro critério é localizar uma audiência cuja procura ocupa os seus pensamentos pelo menos uma vez por dia e na qual têm um investimento emocional. Por exemplo, uma pessoa com hipertensão presumivelmente considera isso diariamente quando toma a sua medicação. São investidos emocionalmente, uma vez que podem morrer desta doença. Estão desesperadas por uma cura ou, no mínimo, pelo alívio dos efeitos adversos da medicação.

Estes públicos são abundantes em nichos que abordam a saúde, relações, ou riqueza.

A localização de uma multidão é simples. Encontrar um público que está faminto por algo precisa de mais esforço.

Um método para determinar o que esta população deseja é observar o que está a comprar. Isto pode ser feito online visitando a Amazon e examinando os produtos mais vendidos numa determinada categoria.

Ou, pode aproveitar as dezenas de milhares de dólares que outros gastaram em pesquisa de mercado para determinar o que estão a oferecer. Uma visita ao website dos livros "Dummies", por exemplo, fornecer-lhe-á uma lista dos títulos que eles vendem. Estes títulos não seriam oferecidos se não estivessem a vender.

Uma vez escolhido um nicho, deverá tentar torná-lo o mais específico possível. Por exemplo, se escolher acções de negociação, poderá refinar o seu foco para futuros de negociação diária.

A concentração em futuros de day trading elimina uma quantidade substancial de concorrência e fala a uma clientela de nicho. Além disso, a palavra-chave "day trading futures" recebe aproximadamente 9000 buscas mensais.

Seleccione um produto.

Depois de seleccionar um nicho, o passo seguinte é vender algo, que é a parte simples. Cada fabricante vende através de afiliados, incluindo o Wal-Mart, Macy's, e dezenas de milhares de outros.

Pode procurar no Google produtos ligados ao day trading utilizando o exemplo anterior, digitando "day trading afiliado". Escolha três ou quatro e registe-se. Receberá algum lixo, mas também irá adquirir algumas jóias.

O seu Blog.

Existem muitas plataformas de blogging grátis, tais como Blogspot.com, Weebley.com, e redes 2.0, tais como HubSpot, Squidoo, e muitas outras. Contudo, se desejar rentabilizar o seu blog, deve obter o seu nome de domínio e hospedá-lo você mesmo.

Há duas justificações principais para este pequeno investimento. Antes de mais, é o seu website, e os termos e condições de qualquer outra pessoa não o vinculam. Pode fazer o que quiser com o seu domínio sem receio de ser repreendido. Se determinarem que a sua especialidade é spamming, podem fechar o seu blogue se estiver alojado num domínio gratuito.

Em segundo lugar, o próprio nome de domínio é essencial para uma SEO eficaz. Utilizando o exemplo de day trading, poderá tentar adquirir daytradingfutures.com,.org, ou.net.

Conteúdo é rei.

Mesmo que tenha o nicho mais quente e o produto mais popular, falhará se o seu conteúdo não tiver valor. Não publique conteúdo sem sentido apenas para publicar algo. O texto deve ser gramaticalmente sólido e ou instruir ou divertir o leitor. Se tiver dificuldades com a escrita, deve contratá-lo. Uma variedade de websites de escrita freelance oferece escritores qualificados a preços razoáveis.

Dê passos.

Uma vez que este sítio esteja operacional, deve continuar a fornecer um excelente conteúdo; este é um dos benefícios de utilizar a plataforma gratuita de blogues WordPress para o seu blogue. Se passar um fim-de-semana a escrever 15 ou 20 mensagens no blogue, pode carregá-las no WordPress e programá-las para serem publicadas durante um período específico. Isto cria a sensação de crescimento "natural", que o Google adora, e dá-lhe uma pausa de quase três semanas para escrever.

Poderá ficar um pouco consternado ao descobrir que nem sempre é tão simples como as pessoas o fazem; muitas pessoas que lhe dizem que é simplesmente a tentar ficar com o seu dinheiro. Haverá abordagens simples e difíceis para fazer uma tarefa como qualquer outra.

Fazer as coisas da maneira difícil pode resultar em frustração e eventual abandono de uma tarefa.

Uma das razões pelas quais ganhar dinheiro com sítios de blogues é simples é porque permitem que qualquer pessoa publique conteúdo na Internet rapidamente. Isto é verdade para aqueles que têm trabalhado online durante um período prolongado e para os tecnófobos.

A maioria do software de blogue actual é gratuito e estupidamente simples de instalar e gerir. Seguir instruções básicas permitir-lhe-á começar a ganhar dinheiro com sítios de blogues quase imediatamente, embora haja uma ligeira curva de aprendizagem associada ao trabalho desta forma na Internet.

Terá primeiro de criar o seu blogue. Isto pode ser conseguido de várias maneiras, quer através da criação de um website gratuito de blogue ou, para uma abordagem mais profissional, através da aquisição de um domínio e alojamento. Se o seu objectivo é ganhar um par de dólares, poderá fazê-lo sem pagar dinheiro em websites como o blogger.com.

Contudo, se quiser criar um negócio e gerar receitas a longo prazo a partir de sítios de blogues, poderá querer adoptar uma aparência mais profissional.

Embora muito esteja envolvido no lançamento de um negócio desta natureza, não precisa de ser demasiado complicado. Existem muitos manuais excelentes disponíveis que o acompanharão em cada fase do procedimento. Seguindo cuidadosamente estas etapas, poderá ter tudo preparado e começar a ganhar dinheiro a partir de websites de blogues dentro de um ou dois fins-de-semana.

Os blogues de maior sucesso começam como passatempos de fim-de-semana que mais tarde florescem nos negócios. Exemplos de um blogue alimentar são KampungboyCitygal.com, que cobre o panorama da cozinha asiática. O New York Times cobriu o seu blogue e recentemente acrescentou uma secção sobre as suas viagens.

Se for hábil em escrever e tiver conteúdo suficiente para durar três a seis meses, pode fazer uma quantidade sustentável de tráfego e interesse no blogue. Assim que tiver uma certa quantidade de tráfego, pode expandir o seu blogue procurando blogueiros convidados ou revendo artigos de outros blogueiros.

Os bloguistas bem sucedidos podem ganhar dinheiro publicando nos seus sítios ou publicando resenhas de produtos que os seus leitores possam achar úteis. Além disso, os seus blogues podem conquistar uma audiência significativa, resultando num lucrativo contrato de livro com uma editora proeminente..

4. Cuidador doméstico.

Muitas pessoas estão a alterar radicalmente a sua vida para se tornarem cuidadores a tempo inteiro de propriedades, quintas, ranchos, ou mesmo de reservas naturais. A profissão de cuidador já existe há milénios e não é nova.

No entanto, a era moderna proporcionou-nos a escolha das viagens aéreas e a oportunidade de comunicar através da Internet e dos jornais. Estes dois locais trouxeram a prestação de cuidados como uma oportunidade para todos para a frente.

Muitas situações requerem os serviços de um cuidador, sendo a mais comum a compra de uma segunda ou mesmo terceira residência devido a um emprego. Os pais já não deixam os seus filhos com uma ama ou parente quando viajam; em vez disso, trazem-nos consigo.

Isto tem motivado muitos indivíduos a comprar uma segunda residência. Estes indivíduos não estão dispostos a alugar a sua segunda residência. Desejam ter a possibilidade de regressar a qualquer momento.

Outros estão a comprar segundas casas em destinos de férias populares. Estes indivíduos não estão interessados em simples investimentos imobiliários. Esta propriedade de férias é comprada para fornecer um convite aberto à família e amigos que possam desejar visitar a qualquer momento.

As pessoas estão a viver mais tempo do que antes, o que é um facto bem conhecido. Uma quinta, rancho, ou proprietário de estalagem trabalhador pode contratar um trabalhador mais jovem para ajudar na gestão da propriedade. Os seus filhos adultos podem ter as suas ocupações ou podem não querer desempenhar um papel tão activo na gestão do negócio familiar.

Sabe-se que os prémios do seguro de segunda habitação são superiores aos de uma residência primária. Este aumento é atribuível à consciência das empresas de seguros de que as segundas residências estão tipicamente vagas. A probabilidade de um arrombamento, inundação ou incêndio é aumentada nestas residências. Estes grupos estão a descobrir que a contratação de um cuidador satisfaz as suas várias exigências.

A contratação de um cuidador pode reduzir marginalmente as taxas de seguro, dependendo da companhia de seguros.

Aqueles que empregam cuidadores também descobrem que isso lhes permite poupar dinheiro ao longo do tempo. Ter alguém no local para efectuar manutenção de rotina, identificar possíveis problemas e fazer reparações à medida que estes surgem é consideravelmente mais rentável do que contratar ajuda externa para uma grande empresa.

Além disso, as suas casas e posses são protegidas contra potenciais assaltos, vagabundos e jovens que podem optar por vagabundear. Os cuidadores podem ser recrutados numa base de curto ou longo prazo.

Indivíduos ou famílias que prestam serviços de cuidados estão à procura de uma mudança de ritmo. Tipicamente, são habitantes da cidade que desejam uma mudança na atmosfera e no modo de vida das suas famílias e de si próprios.

Alguns indivíduos nunca trabalhariam com animais ou numa reserva de vida selvagem. Alguns podem não ser capazes de migrar para lugares remotos ou rurais. A vocação de cuidar proporciona portas para eles.

Tipicamente, os cuidadores são reformados. O desejo de se sentirem úteis, o desejo de uma segunda profissão, e a oportunidade de se perderem num novo ambiente, atraem os reformados para a prestação de cuidados. As suas experiências de vida anteriores irão servi-los bem à medida que entram no sector de prestação de cuidados.

O emprego como prestador de cuidados é garantido a qualquer pessoa qualificada em gestão de terrenos, jardinagem, manutenção e cuidado de animais. A prestação de cuidados num albergue ou pousada pode ser uma alternativa viável para alguém com experiência em delegação, gestão e serviço ao cliente.

Nos últimos anos, teria sido impossível para os reformados seguir os seus objectivos e deslocar-se para uma região escolhida. No entanto, já não é este o caso. Aqueles que sempre desejaram cultivar as suas terras, trabalhar com animais, ou residir numa praia exótica, poderiam alcançar estes objectivos através de cuidados.

As famílias jovens também estão a encontrar oportunidades de emprego como prestadores de cuidados. Muitos grandes proprietários, rancheiros e reservas naturais empregam pais de crianças pequenas para ajudar na manutenção do local. Os pais escolhem mudar-se para ensinar aos seus filhos diferentes partes do mundo e novas formas de vida ou tirá-los da cidade e aproximá-los da natureza.

Um aspecto essencial da compreensão do cuidado é que se trata de uma actividade de lazer. Não é como o mundo dos negócios, e não é preciso preocupar-se em viver sob a vigilância de um empregador ditatorial.

A maioria dos proprietários nem sequer está lá, e aqueles que compreendem o valor da solidão e de um ambiente tranquilo estão. O cenário permite que os cuidadores viajem ao seu próprio ritmo e desfrutem de todas as suas regalias.

A renda gratuita é a principal vantagem concedida aos cuidadores. Isto permitirá aos reformados poupar, pagar pela educação dos seus filhos, ou cobrir outras despesas domésticas. A renda gratuita também ajuda as famílias jovens que estão a poupar para as suas próprias casas. Neste ambiente descontraído, os prestadores de cuidados devem ser altamente independentes, auto-motivados e capazes de trabalhar de forma independente.

Dependendo do emprego, pode ser fornecido um pequeno subsídio ou remuneração, bem como um seguro de saúde. O prestador de cuidados cobre normalmente as despesas de mudança, mas o proprietário pode ocasionalmente cobrir estes custos.

As responsabilidades de um prestador de cuidados variam em função da sua localização.

Contudo, as principais prioridades de todos os cuidadores são a integridade e uma paixão pelo ambiente. Trabalhar numa quinta de cavalos, rancho de trabalho, ou reserva natural, requer uma paixão pelos animais.

O albergue ou a estalagem devem ter uma paixão pelas pessoas e pelo serviço ao cliente. Dependendo dos interesses e áreas de competência do tratador, um proprietário adequado pode tipicamente ser identificado.

A maioria dos proprietários estão dispostos a formar um indivíduo com quem têm uma relação, que vêem como digno de confiança, e que tem potencial. Os proprietários preferem contratar alguém que acreditam ser de confiança do que alguém com uma página de referências que suspeitam poder ser um vigarista. É também crucial lembrar que indivíduos que não se consideram experientes em áreas específicas podem ganhar uma carreira como prestadores de cuidados.

A prestação de cuidados é um excelente método para os reformados passarem os seus anos dourados. Juntos, o ritmo descontraído, o ambiente natural e o alojamento gratuito proporcionam uma experiência que muda a vida, ao contrário de tudo o que já tiveram. O cuidado é também adequado para abrir o seu rancho, pousada ou pescaria.

Proporciona aos estudantes a oportunidade de aprenderem enquanto poupam dinheiro. As famílias beneficiam de ambientes rurais e da capacidade de incutir uma paixão pela terra e pelos animais nas crianças. O dinheiro poupado em habitação pode ser investido numa futura casa ou na educação dos seus filhos.

O acordo de cuidado beneficia tanto o proprietário como o cuidador. Os relatórios revelam que há uma necessidade crescente de pessoas que cuidam de crianças em todo o mundo. É possível estabelecer uma boa ligação entre o proprietário e o cuidador. A Internet e os jornais podem ser utilizados para localizar proprietários e cuidadores.

Se conseguir demonstrar que é uma pessoa de confiança, esta é uma grande oportunidade para ganhar dinheiro e poupar no aluguer. Esta possibilidade é mais eficaz durante o Verão, quando as pessoas viajam por longos períodos e precisam de alguém para cuidar da sua propriedade ou animais de estimação.

Um amigo meu faz isto como um trabalho de Verão durante a faculdade. Para além de ganhar dinheiro com a observação da casa durante todo o Verão, também poupou dinheiro em renda para o seu alojamento no colégio.

5. Serviços de limpeza doméstica.

Hoje em dia, os serviços de limpeza doméstica são extremamente populares. À medida que as pessoas se tornam cada vez mais ocupadas, precisam de indivíduos que possam cuidar das suas casas; por conseguinte, a limpeza doméstica profissional é um método fantástico para ganhar dinheiro na era moderna. O melhor aspecto é que precisará de um investimento financeiro mínimo; tudo o que precisa é de capacidade de limpeza doméstica e muito esforço árduo.

Antes de começar, assegure-se de que dispõe do equipamento necessário. Em primeiro lugar, necessitará de material de limpeza. Considere marcas respeitáveis e eficientes que possam completar a tarefa com pouco esforço.

Em seguida, reúna todos os materiais de limpeza necessários. Alguns clientes trazem os seus produtos de limpeza, enquanto outros querem que o faça. Em qualquer dos casos, é preferível ter todas as bases cobertas. Além disso, certifique-se de que tem acesso ao transporte.

Assim que estiver preparado para lançar a sua empresa de limpeza profissional, poderá começar a comercializar os seus serviços. Uma das melhores formas de começar é através da utilização da sua rede. Pergunte aos seus conhecidos se eles estão interessados nos seus serviços. Poderá oferecer-lhes preços mais baratos e solicitar que o encaminhem para os seus outros conhecidos. No final, a palavra de boca em boca é um tremendo instrumento de marketing.

Para alargar o seu público, necessitará de acesso à Internet e de um computador. A comercialização online dos seus serviços de limpeza profissional é uma estratégia fantástica para chegar directamente aos clientes e para facilitar o contacto dos potenciais clientes. A Internet está a transbordar de exigências que pode satisfazer, pelo que não terá de exercer trabalho de marketing adicional depois de ter espalhado a palavra.

A desvantagem da publicidade na Internet é que poderá receber consumidores em regiões remotas, para as quais poderá não estar preparado para conduzir. Consequentemente, se desejar manter o seu negócio local, pelo menos por enquanto, pode empregar estratégias de marketing mais convencionais, tais como a impressão de panfletos e cartões de visita. Se estiver disposto a gastar um pouco de dinheiro, pode anunciar no jornal local.

À medida que a sua clientela se expande, pode considerar trazer um parceiro para a sua empresa de limpeza profissional. Um parceiro irá agilizar o processo de limpeza e permitir-lhe-á agendar clientes adicionais. Ter um companheiro também aumenta a sua segurança.

Afinal, quando passa um tempo razoável em casa de um estranho, há sempre a possibilidade de surgirem cenários nocivos. Deve ter sempre um telemóvel se não conseguir encontrar alguém para o ajudar.

Os serviços de limpeza são um excelente negócio de fim-de-semana para lançar. A maioria das pessoas que trabalham toda a semana odeia limpar e arrumar as suas casas. Aqui, pode ganhar dinheiro extra realizando pequenas tarefas tais como lavagem de roupa e serviços básicos de limpeza. Pode cobrar à hora ou fornecer serviços de limpeza semanais em pacotes.

Por exemplo, pode cobrar $xx por hora pelos serviços de limpeza da casa. Pode ser pago antecipadamente se o cliente se comprometer a quatro serviços de limpeza mensais. Além disso, poderá receber uma taxa de referência para serviços básicos de manutenção se a casa que está a limpar também necessitar de serviços como lavagem de tapetes ou canalização.

6. Serviços de pintura residencial.

Uma das vantagens de gerir uma empresa de pintura é a flexibilidade que ela pode proporcionar. É viável trabalhar apenas três a quatro dias por semana e ganhar entre $50.000 e $600.000 por ano, dado o elevado potencial de receitas.

As empresas de pintura são uma das poucas empresas à prova de recessão que podem colocar a segurança financeira ao alcance de muitas pessoas. Não existem requisitos formais de escolaridade, e apenas são necessárias capacidades fundamentais de pintura e de negócios para o sucesso. (A maioria das quais pode ser aprendida com o curso de estudo doméstico adequado sobre o desenvolvimento de uma empresa de pintura).

Tipicamente, um pintor doméstico necessita de trabalho físico relativamente mínimo, que pode ser realizado por homens, mulheres, e indivíduos de qualquer idade. A pintura pode ser empregada como uma fonte de rendimento a tempo inteiro ou a tempo parcial.

Para além da capacidade de obter rapidamente um rendimento profissional, possuir uma empresa de pintura dá a satisfação e o orgulho que advém de ser independente e independente. Para não mencionar a alegria instantânea que recebe cada vez que completa um trabalho, acrescenta outro cliente satisfeito à sua lista, e deposita um cheque pesado na sua conta bancária em constante crescimento. É um trabalho agradável!

Passe algum tempo a adquirir informações de fontes fidedignas sobre a promoção do seu negócio de pintura e de licitação e estimativa de projectos de pintura, ou o que eu chamo o "lado comercial" do negócio da pintura.

Os novos proprietários de empresas de pintura perguntam-me regularmente: "Que tipos de trabalhos devo procurar?". Este é um inquérito relacionado com o mercado. A minha resposta é sempre a mesma. Comece por procurar projectos de pintura doméstica. São tarefas abundantes e as mais simples de pintar, oferecendo enormes margens de lucro e poucos custos gerais.

O mercado de repintura residencial é insaciável; há trabalho suficiente nesta secção da indústria da pintura para manter os pintores ocupados e lucrativos para toda a vida.

Outra vantagem surpreendente que torna o início de um negócio de pintura atraente é o facto de não ser necessário um investimento inicial significativo. Um dos mitos mais difundidos sobre a expansão de um negócio de pintura lucrativo é que é necessário investir milhares de dólares em publicidade para conseguir clientes.

Pode construir um negócio de pintura florescente com base apenas em referências, quase sem promoção tradicional. Isto não é verdade, especialmente se estiver a concentrar-se em retoques residenciais. Mesmo alguém que comece do zero pode pôr o seu negócio de pintura a funcionar e produzir dinheiro em sete dias ou menos com um orçamento tão baixo quanto $250,00 com alguns procedimentos simples.

Estas são algumas das razões pelas quais estabelecer uma empresa de pintura desperta o interesse de tantos indivíduos e porque se encontra consistentemente entre as maiores pequenas empresas a lançar.

Se tiver um pincel e um fim-de-semana livre, pode iniciar um serviço de pintura de casas para os idosos ou agentes imobiliários que desejem ajeitar as casas dos seus clientes antes de as venderem. Nunca se dá conta da autoridade que se pode ter ao pintar de novo uma sala.

Esta é uma empresa simples mas eficaz que pode começar por afixar folhetos no seu bairro ou contactar agentes imobiliários cujas informações de contacto podem ser publicadas ao lado das suas propriedades para venda se precisarem de pintores para abrilhantar a sua propriedade antes de a apresentarem a potenciais compradores.

7. *Serviços de passear cães.*

Um negócio de passear cães pode ser uma forma agradável e lucrativa de ganhar dinheiro em casa. Um passeador profissional de cães passeia os cães dos clientes regularmente, sozinho ou em grupo. Há uma procura crescente destes serviços porque muitas famílias têm horários ocupados e não podem exercer os seus cães porque estão fora todo o dia. O exercício é crucial para o cuidado adequado dos animais de estimação, e muitos donos de animais de estimação confiam nos passeadores de cães para assistência.

Há muitos benefícios em iniciar um negócio de passear cães. A genuína afeição pelos cães e a resistência física para passear os cães são as únicas capacidades necessárias. O empenho e a confiança no seu regime de passear de cães são cruciais. Pode encontrar muita informação sobre os cuidados e o comportamento canino em livros ou em websites relacionados disponíveis na sua biblioteca local.

As suas despesas de arranque são modestas. Poderá precisar de adquirir muitas trelas de alta qualidade, excrementos, e sacos. Recomenda-se normalmente a aquisição de um seguro de responsabilidade civil. Além disso, pode manter a sua saúde e aptidão física enquanto ganha dinheiro! Com um serviço de passear cães, os seus custos operacionais serão baixos, e o potencial de lucro é elevado.

Antes de iniciar este negócio domiciliário, deve arranjar alguns detalhes. Deve planear os seus itinerários diários e passeios a pé. Determine os melhores locais para passear os cães e faça um mapa dos itinerários de trinta minutos. Deve estabelecer os seus honorários. Descubra que outras empresas de passear cães na sua área estão a cobrar pelos seus serviços.

Escolha o tipo de passeios que irá proporcionar, tais como passeios particulares ou em grupo, o número de passeios por semana, etc. Se está apenas a começar, pode ganhar experiência relevante voluntariando-se para passear cães em abrigos de animais locais e organizações de resgate de cães. Isto irá oferecer-lhe a experiência de lidar com uma variedade de cães e dar-lhe confiança e credibilidade para obter trabalhos de passear cães que pagam.

É possível encontrar trabalhos de passear cães com um pequeno orçamento de marketing e publicidade. Conceber e imprimir folhetos apelativos e informativos é um método rentável para anunciar os seus serviços de animais de estimação. Distribua estes panfletos pela sua comunidade para atrair novos clientes.

Coloque cartazes em edifícios de escritórios e comunidades de reforma para chegar aos profissionais e idosos ocupados que provavelmente contratarão um passeador de cães. Os donos de animais de estimação em férias necessitam frequentemente dos serviços de um passeador de cães.

Afixe os seus panfletos nos quadros de avisos da comunidade.

Escritórios de veterinária, serviços de aliciamento de animais de estimação, e lojas de artigos para animais de estimação são outros locais úteis para a afixação de panfletos. Se prestar um serviço excelente e fiável, ficará surpreendido com o número de referências que recebe após ter conquistado os seus primeiros clientes.

Este é um óptimo local para trabalhar se gosta de cães e se é pontual. Poderá começar por afixar cartazes no quadro de avisos da comunidade ou pedir referências a vizinhos e amigos. Por exemplo, se passear um cão por $x, poderia perguntar se os donos lhe permitiriam passear o seu outro cão simultaneamente.

Desta forma, pode rapidamente duplicar as suas receitas. Pode acrescentar receitas adicionais a este negócio, obtendo referências para serviços de cuidados a animais de estimação ou escrevendo artigos para revistas que servem os donos de animais de estimação por um preço nominal.

O primeiro passo para um negócio de sucesso é tomar medidas e começar a trabalhar. Este fim-de-semana demos-lhe cinco ideias para estimular o seu interesse e pô-lo em movimento.

8. Negócio de máquinas de venda automática.

Ah! o negócio das máquinas de venda automática! O que é que atrai as pessoas para ele? Certamente, o dinheiro deve ser feito, e o facto de ser um negócio só de dinheiro torna-o muito mais atractivo. Implico que não serão enviadas facturas às empresas. Basta reabastecer as suas máquinas e levantar o dinheiro!

Há algumas considerações a fazer antes de mergulhar, apesar de parecer e ser, de facto, fantástico. Uma coisa a lembrar é que é um negócio que precisa de algum esforço e capacidade.

Trabalho e perícia andam de mãos dadas. É simples reabastecer uma máquina de refrigerantes. Depois de fazer alguma coisa algumas vezes, torna-se simples, mas que tal identificar lugares para a colocação da sua máquina de venda automática?

Este é o aspecto de habilidade a que me referia! É preciso paciência e perseverança para localizar os locais e fechar a venda. Há um procedimento que ocorre desde o momento em que se encontra ou contacta o seu potencial cliente até ao momento em que instala as suas máquinas.

Esta transformação não ocorre da noite para o dia! Pode demorar uma semana ou muitos meses a terminar. Depende sobretudo do prazo em que os seus potenciais clientes pretendem instalar as suas máquinas de venda automática.

Mas se aderir ao seu potencial cliente como cola, continuar a acompanhá-lo, e assegurar-se de que ele tem a informação de que necessita, fechará mais vendas do que pode imaginar!

Conseguirá encontrar uma solução para o seu dilema?

Pode fazer algo diferente do que todos os outros? Antes de comprar uma máquina automática de venda automática, faça a pesquisa essencial. Evitará muitas dores de cabeça ao longo da estrada.

Este negócio pode ajudá-lo a alcançar a independência, se começar correctamente. Portanto, leia tudo o que puder e conduza o máximo de investigação possível antes de entrar de cabeça!

Alguns indivíduos foram vítimas de vigaristas que desejam oferecer-lhe máquinas a preços exagerados e levar o seu dinheiro suado. Por favor, não se deixe enganar!

Encontre um distribuidor de máquinas de venda automática de confiança na sua área e compre a partir delas antes de comprar unidades num seminário. Comece por construir uma máquina de cada vez e aprenda à medida que for aprendendo.

Se não estiver a comprar uma rota de venda automática estabelecida, o desenvolvimento do seu negócio levará algum tempo.

E se eu lhe disser que se persistir e se se dedicar a expandir o seu negócio de venda automática, uma máquina de cada vez, poderá ganhar mais do que ganha no seu emprego a tempo inteiro?

Permita-me que partilhe uma pequena história.

Eu estava empregado como motorista de autocarro urbano a tempo inteiro quando entrei nesta indústria. Quando estava a transitar para um novo campo de trabalho, um colega meu pediu-me que assumisse a responsabilidade de recarregar a máquina de refrigerantes de escritório.

Reparei imediatamente que estava a ganhar 75 a 100 dólares por semana ao vender algumas caixas de refrigerantes de forma consistente. Isto despertou o meu interesse! Por conseguinte, contactei um distribuidor de máquinas de venda automática que me podia vender máquinas.

Foi aqui que tudo começou para mim quando comecei a trabalhar em part-time. Passei de negócio em negócio, batendo às portas e pedindo permissão para instalar uma máquina de refrigerantes.

Uma vez que já temos máquinas, devo admitir que recebi algumas respostas negativas. No entanto, e este é um Major Mas! Alguns indivíduos ao longo do caminho responderam sim! Assim, à medida que me deslocava de um lugar para outro, fui expandindo gradualmente o meu negócio, uma máquina de cada vez.

À medida que se espalhava a notícia de que estava em actividade, comecei a receber referências ao longo do caminho. Depois, comecei a empurrar o meu negócio para o nível seguinte, reinvestindo os meus lucros e publicidade no meu público-alvo demográfico.

Foi então que as coisas começaram a tomar forma! Quando puder comercializar para o seu potencial cliente, para que o contactem primeiro, fechará mais transacções, obterá mais negócios e ganhará mais dinheiro.

Então, como é que eu consegui isto?

Com trabalho árduo, perseverança, e uma mentalidade de "não desistirei", fui capaz de realizar isto. Vou dizer-vos que estudar e investigar esta empresa de antemão ajudou-me a ter sucesso.

9. eBay & Craigslist.

Inicialmente, o eBay e Craigslist eram excelentes recursos para a obtenção de rendimentos imediatos. Mais de três milhões de indivíduos dependem do eBay como a sua principal fonte de rendimento e fornecimento primário de mercadorias. Alguns indivíduos ganham dinheiro extra comprando coisas destes websites e revendendo-as a um preço superior. Porque não investigaria esta opção?

Um sítio web é também uma caixa automática! A partir de Janeiro, vi este empreendimento como "fora do meu alcance". Estava tão incorrecto!

Qualquer pessoa pode fazer um website e começar a ganhar dinheiro em poucas horas! Este conceito não o deve intimidar. É fácil construir o seu website.

Finalmente, se não gosta de desenvolver o seu website, muitos indivíduos estão preparados para lhe pagar para comercializar o seu! Se não sabe isto, utilize qualquer motor de busca para procurar "marketing afiliado" para saber mais. Este negócio pode render até mil dólares semanais, sem taxas de arranque. O segredo é descobrir um programa que paga para depender de uma percentagem das vendas.

Existem alguns esquemas de baixo pagamento mas também programas que pagam muitas centenas de dólares por cada venda. Antes de se inscrever em qualquer programa de afiliação, basta examinar a estrutura de compensação e determinar se vale a pena promover. Isto dar-lhe-á a oportunidade de construir o negócio de alto lucro que deseja. Passe um dia a investigar esta possibilidade.

10. Troca de Marketing de Encontros.

Existem regularmente mercados de pulgas e trocas em cidades e vilas de todos os tamanhos em todo o país, cada um dos quais atrai centenas, se não milhares, de caçadores de pechinchas.

Podem ser realizados no teatro drive-in local, em enormes parques de estacionamento, armazéns, parques, ou centros comunitários - em qualquer lugar com espaço suficiente para montar cabines e atrair uma audiência.

Na maioria das vezes, estes concursos realizam-se aos fins-de-semana, embora noutras regiões, possam começar na quinta-feira e durar quatro dias. As reuniões de troca e mercados de pulgas são divertidas, lucrativas, e uma forma fantástica de estabelecer um negócio. Muitos indivíduos que começaram com as vendas de Swap Meet continuaram a construir Lojas de Ofertas ou empresas de venda por correspondência de escala considerável.

De acordo com a equipa de FAR HORIZONS Business Coaching, existem três variedades únicas de encontros de trocas.

Nota: (Por uma questão de simplicidade, a partir deste ponto, quando nos referimos a "Swap Meets", também nos referimos a feiras de pulgas, feiras de artesanato, e eventos similares, como explicado abaixo.)

1. Encontros de troca ao ar livre.

Em termos de mercadorias, estas são tipicamente diversas. É possível descobrir desde sistemas estéreo de alta qualidade a jóias de designer até à limpeza familiar da garagem da tia Emma de ferramentas antigas, brinquedos e outras peças e peças. Tipicamente, estes eventos atraem indivíduos que procuram descontos e ofertas substanciais.

2. Interior "Centros Comerciais."

Estes atraem tipicamente um tipo de comerciante mais experiente. As exposições tendem a ser mais ordenadas na aparência, e a qualidade da mercadoria é muitas vezes superior durante todo o evento. Pode haver stands em vez de mesas, e cada comerciante prefere especializar-se em áreas específicas de produtos.

3. Espectáculos de Artesanato.

Estes podem ser realizados dentro ou fora de casa, como parte de um carnaval local ou em parques, eventos de angariação de fundos, feiras municipais, ou outros eventos de natureza semelhante. Normalmente, os vendedores expõem os seus artigos a partir de cabines e, dependendo da região. As opções podem variar de caseiro a caro (ou caseiro e caro).

Não se esqueça disto quando fizer as malas para a reunião de troca.

Ao longo dos anos, dezenas de vendedores bem sucedidos de Swap Meet disseram-nos que as duas coisas mais essenciais que pode trazer consigo são:

1. Uma disposição optimista.

2. Uma disposição para negociar e "jogar o jogo."

Um membro comenta: "As pessoas vêm ao Swap Meets na esperança de um acordo e vão porque é agradável. Por isso, mantenho uma atitude positiva e estou sempre disposto a negociar.

Tenho em mente o preço de base e nunca vou abaixo dele, mas estou sempre preparado para negociar um pouco sobre o montante pedido original. Assim, o meu comprador está satisfeito com a compra, e eu mantenho uma margem de lucro saudável. Ambos beneficiamos".

Independentemente do tipo de Swap Meet, optamos por organizar inicialmente. Deve fazer alguns passos simples e fundamentais antes, durante e após o evento.

Comecemos por isso. Bem, este é o início!

AQUI ESTÃO ALGUMAS COISAS A FAZER ANTES DE COMEÇAR.

1. Se ainda não sabe, descubra onde se encontra a troca local. Isto não deve ser muito difícil, uma vez que eles anunciam em jornais locais e publicações gratuitas em prateleiras de lojas de conveniência. As reuniões mais pequenas podem não fazer publicidade, mas deve ser possível encontrá-las contactando os drive-ins próximos ou pesquisando na lista telefónica.

2. A seguir, procurar pessoalmente o concurso. Observe as mesas e cabines a partir da perspectiva de um comerciante. O que é que os comerciantes transportam? Mais significativamente, o que é que não têm? Quais são os seus preços?

3. Reservar uma mesa (ou cabina, conforme o caso). Contacte o gerente da reunião; ele ou ela fornecer-lhe-á informações sobre preços e uma lista das regras e restrições a que deve obedecer quando comercializar na reunião.

Dependendo da reunião, o custo do aluguer de espaço numa reunião de troca varia de alguns dólares por dia a muito mais. Tente começar numa reunião de baixo custo e bem acompanhada para minimizar o seu desembolso financeiro inicial.

4. Seleccione os itens desejados. O pessoal de Business Coaching da FAR HORIZONS sugere tipicamente começar com $450 a $750 de mercadoria (o que significa o seu custo real).

5. Prepare os seus outros fornecimentos.

Pode ser necessário trazer todos ou alguns dos seguintes elementos, dependendo do evento:

1. Mínimo de uma mesa rebatível.

2. Uma caixa de dinheiro contém dólares e troco.

3. Cadeiras dobráveis

4. Uma toalha de mesa imaculada.

5. Um enorme guarda-chuva, lona, ou outra protecção solar para os seus clientes (e para si próprio).

6. Algum plástico transparente para proteger os seus artigos da precipitação (obviamente, isto aplica-se aos encontros ao ar livre).

7. Uma Lista de Preços Amarela para que determine a linha de fundo quando é altura de negociar.

8. Muitos cartões de visita.

9. Alguns catálogos, brochuras, folhetos de Chegadas Novas, ou outros materiais promocionais para ajudar a aumentar as vendas.

10. Um livro de encomendas de clientes que lhe permite escrever recibos e registar os nomes, moradas e números de telefone dos clientes.

11. Uma calculadora.

12. Um carimbo de borracha para endosso de cheques.

IMPORTANTE.

Fazer todo o possível para recolher o máximo de informação possível sobre cada consumidor. Para além do nome, morada e número de telefone, tente obter o endereço de correio electrónico, número de fax e informações do cartão de crédito do cliente, desde que tenha uma conta de comerciante.

CHEGA O GRANDE DIA.

Se estiver bem preparado, o dia do concurso deverá decorrer bastante bem. Claro, terá muito trabalho a fazer, mas também se divertirá - especialmente quando começar a fazer vendas e a ganhar dinheiro!

Eis o que deve fazer no seu primeiro dia numa reunião de troca:

1. Desligar o alarme, acordar, tomar banho, e pôr-se a andar (dissemos que isto era uma instrução passo a passo, certo?).

2. Quando chegar à reunião, localize o seu lugar e monte-o. O vídeo do seu programa fornece exemplos da exibição adequada e imprópria. Ensaie a sua montagem em casa para planear a exposição visualmente mais apelativa antes de chegar à convenção.

3. Determine o seu "resultado final" ou o preço mais baixo aceitável para cada item. O nosso pessoal de Business Coaching sugere 1,5 vezes o seu custo como uma boa regra geral.

4. Prepare-se para aceitar cheques. Verificar o endereço e número de telefone actuais e, se possível, incluir uma carta de condução ou número de identificação no cheque. Muitos consumidores irão preferir este método de pagamento, e os vendedores reportam um número insignificante de "maus" cheques.

5. O nome, número de telefone, número de fax e endereço de correio electrónico de cada cliente (o maior número possível) devem ser registados.

6. Pode precisar de um parceiro para ajudar a gerir a caixa registadora enquanto trata das vendas.

Há algumas tarefas essenciais a completar após a conclusão de uma reunião de troca e antes do início da próxima reunião.

1. Crie a sua lista de correio adicionando todos os nomes de consumidores recolhidos à sua lista de correio. Estes tornar-se-ão um elemento integrante das suas actividades de marketing de acompanhamento ao longo do tempo.

2. Planear/implementar mailings - Com base no tamanho da sua lista, terá de começar a enviar mailings de acompanhamento aos seus clientes.

Isto abrange os fundamentos do Marketing de Encontros Swap, mas o mais importante é divertir-se. Muitos vendedores gostam de envolver as suas famílias (incluindo os seus filhos) e passam um tempo valioso a trabalhar para um objectivo comum nos fins-de-semana.

Swap Meet Marketing é divertido, gratificante e pode ser realizado com apenas algumas horas por semana de esforço. Um punhado de vendedores mistura negócios com diversão, viajando de Swap Meet para Swap Meet pelo país. Eles utilizam os lucros de cada fim-de-semana para financiar as suas viagens e comprar outros produtos para o próximo encontro!

11. Serviço de babysitter.

Como mãe, todos precisam de um dia longe dos seus filhos e das exigências da vida quotidiana; por conseguinte, é possível capitalizar o desejo de outras mães de ter tempo sozinhas. Não acredite nem por um segundo que está sozinha, pois não está. Muitas mães não suportam os seus filhos; se isto vos descreve, podeis ser apenas aquilo que elas procuram.

O serviço de babysitting em centros comerciais pode ser ao mesmo tempo divertido e lucrativo. Por vezes, os compradores ocupados cansam-se de arrastar os seus filhos de loja em loja. E por vezes, tudo o que as crianças desejam é uma breve sesta.

Se tiver experiência de babysitting ou se tiver operado uma creche, poderá divertir-se e ganhar dinheiro fácil cuidando das crianças enquanto os seus pais fazem compras no centro comercial. Tudo o que precisa de fazer é aproximar-se dos serviços do centro comercial; há quase sempre lojas vazias, e o centro comercial tem uma excelente segurança.

A loja pode facilmente instalar monitores para garantir a segurança e a protecção das crianças. Eles podem também providenciar a presença de um agente de segurança para si. Ficarão entusiasmados por conseguirem persuadir os pais a fazer compras, e você vai divertir-se e ganhar dinheiro fácil a observar as crianças.

As crianças estão cansadas de serem levadas para a loja, famintas e irritáveis. Um local seguro e protegido para os pais deixarem os filhos enquanto fazem compras seria um conforto maravilhoso.

Produzir uma cópia. Quando os pais deixam os seus filhos, fazem uma cópia da sua carta de condução, e quando voltam para ir buscar os seus filhos, precisam que eles apresentem o original. Isto irá salvaguardá-lo a si e ao centro comercial.

Se o centro comercial instalar câmaras na loja, ninguém o poderá acusar de má-fé. As crianças têm uma agradável pausa. E ganham dinheiro enquanto se divertem.

Tente o que fiz se precisar de dinheiro imediatamente ou dentro de uma hora. Estou a ganhar mais dinheiro hoje do que ganhava no meu negócio anterior, e você também pode, se clicar no link abaixo e ler a incrível história verdadeira. Suspeitei durante apenas dez segundos após a minha entrada, antes de saber o que era isto. Também estará a ser teletransportado de orelha a orelha, uma vez que eu estava.

12. Vender Ceia.

Isto pode necessitar de permissão, mas não é nada de especial. Todas as mães sabem que o fim-de-semana é a sua folga da cozinha; por isso, devem preparar e entregar as refeições às famílias que alinharem.

Num fim-de-semana regular, pode ganhar muitas centenas de dólares em lucro, e o melhor é que nunca teve de sair de casa a não ser para a parte da entrega.

13. Inquérito pago.

Um emprego de fim-de-semana online pode ajudá-lo a ganhar $200 ou mais sem nunca sair de casa. O aspecto mais agradável é que não existe um procedimento de entrevista ou uma tal treta. Simplesmente trabalha o quanto quiser, e o dinheiro que ganha é transferido para a sua conta assim que o trabalho estiver concluído.

Muitos indivíduos que descobriram que gostam do dinheiro extra de um trabalho de fim-de-semana online descobrem agora que ganham mais do que no seu emprego regular. Com apenas um par de horas no fim-de-semana, ganhar mais 250 dólares ou mais é viável. Se o fizer consistentemente aos sábados e domingos, terá mais $2.000 no final do mês para ajudar a pagar as contas ou a divertir-se.

Contudo, deve estar atento às empresas que tentam persuadi-lo a pagar dinheiro para ganhar dinheiro. Não se deixe enganar por isto. Os sites de emprego de fim-de-semana legítimos não cobram qualquer taxa. Devem compensar-lhe.

Os sites de pesquisa pagos estão entre os mais flexíveis e populares sites de emprego de fim-de-semana online. Muitas empresas e indústrias tentam sempre obter feedback dos clientes, no entanto, é demasiado dispendioso conduzir extensas iniciativas de pesquisa de mercado. Por conseguinte, pagam a indivíduos 5 a 50 dólares para realizarem um inquérito na Internet.

Como demoram apenas 5 a 15 minutos a completar, é simples completar um grande número de inquéritos num único dia, razão pela qual as pessoas podem ganhar mais de $250 por dia simplesmente partilhando a sua opinião.

Inscrever-se para um site de inquérito gratuito pago, procurar na base de dados os inquéritos mais bem pagos, e preencher o formulário são os únicos requisitos. Assim que clicar no botão submeter, os seus ganhos serão imediatamente transferidos para a sua conta bancária ou conta PayPal.

14. Venda Espaço para Publicidade no seu Blog.

Se tiver um website ou blog, pode ganhar outro dinheiro vendendo espaço publicitário no mesmo. Este fim-de-semana, pode aplicar muitas redes de publicidade na Internet para colocar os seus anúncios no seu sítio web.

Google AdSense é uma das redes de publicidade mais proeminentes. Após submeter uma candidatura e ter o seu website aprovado, receberá um código para copiar e colar para exibir anúncios de conteúdo relevantes.

Ganhará dinheiro quando um visitante clicar num anúncio. Outras redes de publicidade às quais se pode candidatar incluem Chitika e TextLinkAds. Basta conduzir uma pesquisa no Google para mais redes de publicidade.

Além disso, se já distribuir uma newsletter aos seus leitores regularmente, poderá obter outras receitas através da venda de patrocínios ou espaço publicitário nas suas newsletters. Por exemplo, se as suas newsletters estiverem em treino de cães, pode abordar uma loja local ou online para patrocínio em troca de um anúncio na sua newsletter.

15. Marketing de afiliação.

Alguma vez se perguntou como ganhar dinheiro rapidamente utilizando o marketing de afiliados? Hoje marca o fim do processo. Neste ensaio, vou definir o marketing de afiliação e explicar como obter o máximo de dinheiro com ele.

Depois de aprender as minhas estratégias secretas e de compreender como ganhar dinheiro com o marketing de afiliação, posso garantir-vos que nunca mais irão procurar um emprego regular. Porque ser afiliado é tão vantajoso, e pode escolher quando trabalhar e quando tirar dias de folga.

Imagine que trabalha quatro horas por dia, pois eu utilizo um computador e uma ligação à Internet. Pode trabalhar a partir de qualquer local no mundo!

Como funciona este programa de afiliados?

Como afiliado, é essencialmente o proprietário do negócio, mas não é obrigado a desenvolver, armazenar, ou enviar quaisquer produtos. A empresa que fornece o programa de afiliados trata de tudo o resto. Não precisa sequer de se preocupar com o serviço ao cliente, uma vez que todas as redes fortes já têm isso em funcionamento.

Por conseguinte, a sua única responsabilidade é fazer visitas específicas às ofertas dos afiliados. Se tem estado a tentar fazer marketing na Internet, vai achar muito simples. Não é particularmente difícil.

Poderá realizar esta acção se alguma vez tiver recomendado algo a um amigo, talvez um restaurante ou um filme para ver. A única diferença é que será compensado por cada referência que fizer.

São necessários alguns passos fáceis para ganhar dinheiro como afiliado:

Deve primeiro escolher o produto que deseja promover. Depois disso, deve desenvolver uma oferta. Comece com ferramentas de publicação gratuita na web, como o Squidoo ou o Blogger. São extremamente fáceis de utilizar e estão muito bem classificados nos motores de busca.

Depois de terminar, poderá começar a promover a sua página do Squidoo usando marketing de artigos, marketing de vídeo, social bookmarking, e outras técnicas.

Assim que estas estratégias de promoção forem lançadas em linha, poderá antecipar um certo tráfego para os seus sites de oferta gratuita. Agora é o momento de descontrair e deixar a Internet ganhar algum dinheiro para si.

Creio que não há nada mais simples de aprender do que gerar rendimentos com o marketing de afiliados. Por conseguinte, não tem nada a perder ao tentar fazer o esforço.

Muitas organizações enormes estão ansiosas por passar cheques substanciais a indivíduos que promovem com sucesso os seus produtos ou serviços. Se já usou ou comprou artigos ou serviços da Internet antes e pode testemunhar a sua qualidade, pode obter um rendimento substancial em linha.

Receberá uma compensação quando as pessoas clicarem nos seus links e fizerem uma compra. A autora Rosalind Gardner é uma das empresas de marketing afiliadas bem sucedidas que mudaram para negócios a tempo inteiro na Internet. O seu livro,

"Make a Fortune Promoting Other People's Stuff Online", intitula-se "Make Huge Income Promoting Other People's Stuff Online". Ela ganha consistentemente seis figuras online a partir de casa.

16. Leiloeirista online.

Pode leiloar artigos que você mesmo fez, tais como velas de Natal ou sabonetes caseiros. Outros artigos que pode revender online para obter lucro incluem artigos baratos para acrescentar valor. Por exemplo, se tiver localizado papel de origami barato, pode incluir um livro electrónico sobre desenhos de origami e leiloar o papel e o livro electrónico em sites como o eBay.

Se tiver sucesso como leiloeiro, pode funcionar como "assistência comercial" para outros que desejem vender os seus sites. Desta forma, poderá obter outras receitas em linha para além dos seus ganhos em leilão.

Iniciar um negócio de fim-de-semana não interferirá com os estilos de vida da maioria dos indivíduos e poderá levar a maiores rendimentos no futuro. Para além de aumentar os seus rendimentos, pode ganhar competências comerciais vitais através de um negócio de fim-de-semana.

17. Trabalho por conta própria.

Empresas de todos os tipos precisam de escritores, mas muitas vezes preferem externalizar o trabalho em vez de pagar os elevados custos associados à contratação de pessoal a tempo inteiro. A Internet é um excelente recurso para encontrar este tipo de trabalho.

O engraçado é que não é preciso ser um escritor qualificado. Se conseguir escrever frases coerentes e realizar uma pequena pesquisa, pode muitas vezes concluir um projecto de escrita freelance sem dificuldade se possuir estas competências. Tem alguma escrita ou experiência engraçada? Ainda melhor.

Independentemente do seu nível de competências, estão disponíveis opções de emprego de fim-de-semana. Realize uma pesquisa online para "trabalhos de escrita freelancer".

18. Receba Dinheiro para a sua Electrónica.

Elimine todos os seus telemóveis desactualizados, câmaras digitais, computadores portáteis, leitores de MP3, filmes, e câmaras de vídeo. São procurados por uma firma chamada Gazelle, que até pagará pelo envio.

Descobri um facto espantoso no seu website: eles pagam aos seus clientes uma média de 115 dólares. Este é um maravilhoso bónus em dinheiro durante o fim-de-semana, pelo tempo necessário para encontrar e embalar os seus pertences.

19. Trabalho em Auto Detailing.

Os pormenores de automóveis podem ser o trabalho de fim-de-semana perfeito para si se quiser ganhar outro dinheiro nos fins-de-semana e gostar de trabalhar em automóveis.

Pode ser relativamente acessível lançar um negócio de detalhamento automóvel, e também pode ser lucrativo. Pode ter um emprego lateral fiável e consistente com apenas alguns clientes pagantes frequentes. Se gosta de trabalhar em automóveis, não pode sequer considerar esta actividade como "trabalho".

Deve educar-se sobre o assunto se não estiver familiarizado com o trabalho detalhado. Visite a sua livraria ou biblioteca local e consulte alguns manuais de pormenores de automóveis ou inscreva-se numa aula - pode pesquisar online por faculdades.

20. Esculpir bolos.

Começar o seu negócio de decoração de bolos pode ser muito divertido se conseguir cozer e for criativo. Se tiver um toque criativo, atrairá clientes que querem os seus bolos únicos (que não podem obter em mais lado nenhum). As pessoas tendem a gastar mais dinheiro nos outros do que em si próprias, e coisas distintas que muitas pessoas podem desfrutar tipicamente fazem mais receitas.

21. Fotografia animal.

A fotografia é uma indústria lucrativa, e a fotografia de animais de estimação é uma especialidade especializada que elimina uma quantidade substancial de concorrência. Se tiver algumas capacidades fotográficas e um pouco de imaginação, pode ficar surpreendido com o sucesso deste "conceito de pequenos negócios". Li recentemente um artigo sobre um fotógrafo de "nicho" de sucesso que fotografava exclusivamente bebés adormecidos.

Crie um website simples e carregue exemplos do seu trabalho de "fotografia de animais de estimação" para que os potenciais clientes possam ver o que faz. Lembre-se que os donos de animais de estimação adoram os seus animais de estimação; ter uma fotografia de um animal de estimação com o seu dono é maravilhoso. Um presente de aniversário único, cartões de Natal, e até um calendário fotográfico de animais de estimação pode ser criado.

22. Coisas feitas à medida.

Há lojas na Internet onde se podem oferecer coisas feitas à medida. Elas fornecem os produtos, enquanto você fornece o design. Não é obrigado a comprar produtos antecipadamente ou a pagar por um website.

Os clientes visitam estes websites (tais como Cafe Press) para comprar produtos. Quando um comprador encomenda um produto com o seu desenho, a empresa distribui os produtos ao cliente e dá-lhe uma percentagem dos lucros.

Tenha cuidado para que o seu trabalho de fim-de-semana não se torne demasiado lucrativo. Pode ter de deixar o seu trabalho e iniciar um negócio fazendo o que gosta.

23. Tutoria.

Com o actual clima económico, muitos indivíduos têm dificuldade em atingir os fins. Para poder pagar os bens de que precisamos, muitos de nós têm de adquirir um segundo emprego ou um emprego de fim-de-semana, apesar de estarmos empregados. Há simples ocupações de fim-de-semana em part-time que qualquer pessoa pode desempenhar. Esta página irá delinear algumas oportunidades de emprego acessíveis.

A angariação de fundos para uma organização sem fins lucrativos é um emprego a tempo parcial que vale a pena e é bem pago. Pessoas com fortes capacidades de comunicação e marketing podem começar a trabalhar como angariadores de fundos a tempo parcial. Pode ganhar dinheiro e ao mesmo tempo ajudar os necessitados. O principal objectivo aqui é solicitar contribuições caritativas de indivíduos.

Um negócio de tutoria é outra excelente opção para ganhar dinheiro extra. Este emprego a tempo parcial é vantajoso na medida em que é simples de obter clientes. Pode abordar a escola local ou perguntar aos pais se eles permitiriam que o seu filho recebesse tutoria numa determinada disciplina.

Após um período, adquirirá outros consumidores porque os pais e as crianças não notificarão outros necessitados sobre o seu serviço. Por conseguinte, não precisará de fazer publicidade se o seu desempenho for bom.

Não há nenhuma exigência de sair de casa. As actividades online pelas quais é compensado são outra excelente opção para ganhar dinheiro nos fins-de-semana. Uma das mais populares nesta área são as sondagens pagas.

Após o registo, pode ligar-se ao site de sondagens para completar as sondagens. Esta simples tarefa pode ser realizada à noite, após o seu trabalho das 9 às 5 horas, permitindo-lhe ganhar mais dinheiro. Pode ganhar dinheiro extra substancial todos os meses, dependendo do seu tempo de investimento.

24. Detalhamento de veículos.

Este tipo de trabalho é provavelmente o mais fácil e mais flexível para si. Foi classificado como um trabalho com uma remuneração suficiente para se ganhar aproximadamente 250 dólares por carro (cerca de 4 horas).

Comece por colocar panfletos debaixo dos limpa pára-brisas de automóveis imundos mas considerados caros. Além disso, se precisar de uma nova escova, balde, e trapos, pode emitir capital por menos de $50.

25. Preservação da propriedade comercial.

Se gosta de trabalhar no exterior, este trabalho é ideal para si. Muitas empresas importantes procuram empregados com esta experiência. A remuneração para este cargo é bastante elevada. Para além de uma remuneração razoável, recebe também exercício livre e ar fresco.

26. Guarda-vida.

A maioria dos empregos de fim-de-semana pagam muito pouco. Normalmente, os salva-vidas são compensados à taxa de um empregado civil regular na cidade ou cidade onde trabalham, que é mais elevada do que o salário mínimo. Imagine como o seu físico vai ser fantástico! Pode aprender se não souber nadar.

Se sempre quiseste ser salva-vidas, decide torná-lo na tua fonte de rendimento de reserva se já tens um emprego. O exercício será fantástico, terá livre acesso às instalações, e poderá passar horas a fazer um trabalho gratificante e que vale a pena. Se for estudante, a remuneração é excelente, e que bem esta referência será para o seu currículo no futuro.

27. Mão de cena para uma banda ou grupo de teatro.

Muitos estabelecimentos oferecem uma taxa fixa para cada compromisso, independentemente do número de horas ou da duração do fim-de-semana. Isto pode não agradar a um instrutor de 40 anos que não gosta de música rock, mas nem toda a música é rock.

Suponha que é uma criança e consegue tornar-se um roadie para uma banda de rock; kudos para si! Algumas sinfonias utilizam apoio em part-time nos fins-de-semana, quando os seus frequentadores habituais estão de folga. Por vezes, as companhias teatrais empregam assistentes com a mesma escala salarial.

28. Iniciar um negócio de manutenção de automóveis.

A maioria dos indivíduos possui automóveis. Utilizam os seus bens oferecendo-se para lavar, aspirar e limpar o veículo inteiro. Pode cobrar mais quando combinar serviços (lavagem, aspiração, limpeza de janelas, etc.).

29. Participar numa condução de garrafas.

Pegue na sua carrinha e recolha de garrafas indesejadas porta a porta. Muitos indivíduos reciclam; no entanto, muitos não têm tempo para transportar as suas garrafas recicláveis para a loja das garrafas. Ofereça-se para o fazer por eles e retenha os resultados para si próprio. Isto pode somar uma quantidade substancial de dinheiro em bens recicláveis.

30. Realizar uma venda de pátio.

Agora é a oportunidade ideal para vender artigos indesejados e eliminar a desordem. Basta colocar um anúncio no jornal local, distribuir panfletos, e organizar a sua venda no pátio.

31. O papel de jornal.

A entrega de jornais é mais uma forma viável de ganhar dinheiro extra durante o fim-de-semana. Poderia ganhar um pouco de dinheiro investindo mais tempo e energia. Poderá contactar o seu distribuidor local de jornais para se informar sobre a disponibilidade de entrega ao fim-de-semana.

32. Landscaper temporário.

Se tem um dom para o paisagismo e o design e pode refrescar a relva, uma posição como paisagista seria ideal para si. O paisagismo inclui a plantação de árvores e flores, a colocação de relva, e a concepção de jardins.

33. Iniciar um pequeno negócio.

Pode criar uma pequena empresa que funcione apenas aos fins de semana ou a tempo parcial. A empresa pode variar desde a produção de pastelaria para ocasiões especiais até à lavagem de janelas. Os lava-vidros ganham um salário por hora. Para iniciar um negócio de lavagem de janelas, deve visar empresas que necessitam do serviço no fim-de-semana, tais como restaurantes e casas.

34. Utilize o seu Know-How.

Utilize eficazmente a sua informação. É um educador de matemática eficaz? Tem a opção de se tornar um instrutor de matemática. Pode oferecer os seus serviços como editor ou tutor se for proficiente em inglês. Faça com que as suas competências funcionem para si.

Para além das possibilidades acima enumeradas, pode tentar algo criativo e divertido para ganhar dinheiro nos fins-de-semana. Pode organizar feiras da igreja ou da comunidade local ou ajudar na criação de feiras e centros comerciais cobertos. Muitos compradores frequentam estas feiras, e tem a certeza de localizar alguns clientes dedicados.

35. Aluguer de Férias Particulares.

Férias de luxo a longo prazo estão disponíveis para indivíduos que podem pagar alugueres de férias particulares. Dependendo da duração da sua viagem, os inquilinos temporários ocupam tipicamente estas propriedades durante uma a duas semanas.

As casas são completamente mobiladas com mobiliário padrão, e as casas de férias privadas incluem tipicamente banheiras ou piscinas privadas e vistas excepcionais. Se possuir propriedades que possam ser convertidas em alugueres de férias, deve considerar alugá-las a título privado.

Em primeiro lugar, determine se os seus imóveis cumprem os requisitos para alugueres de férias pessoais. Estas casas devem ser estrategicamente posicionadas perto de centros comerciais, restaurantes, e atracções turísticas.

A proximidade das suas casas a campos de golfe, praias, estações de esqui, ou às montanhas, será uma vantagem adicional de venda.

Determinar se existe um mercado para férias categorizadas antes de iniciar o processo de remodelação. Precisará de uma grande procura e de uma quantidade limitada de casas privadas de férias na área circundante das suas propriedades.

Obter a documentação legal essencial para casas de férias. Renovar e mobilar as suas casas para as tornar tão confortáveis quanto possível. As casas de férias privadas de luxo devem incluir um fogão, uma lareira e uma piscina.

Inclua imagens e uma descrição detalhada dos seus imóveis na sua listagem. Inclua todas as actividades disponíveis e equipamentos públicos na lista do bairro. Pode colocar a sua listagem em websites gratuitos online, utilizar empresas de aluguer, ou, se necessário, criar o seu website.

A este nível, o software de aluguer de férias é útil porque ajuda a tratar de reservas e propriedades. Pode gerir o negócio de forma independente ou contratar uma equipa para o assistir na gestão de contas de aluguer, prestação de serviços de manutenção, e publicidade de alugueres privados de férias. Pode também oferecer pacotes gratuitos e simples para atrair viajantes.

CAPÍTULO 5: EMPREGOS DE FIM-DE-SEMANA PREFERIDOS DOS ESTUDANTES UNIVERSITÁRIOS.

Para se prepararem para as suas carreiras futuras, os estudantes universitários já não perdem o seu tempo livre em jogos em linha, conversas e outras actividades frívolas. Começam a procurar oportunidades de emprego ao fim-de-semana para aumentar os seus rendimentos. As três principais ocupações de fim-de-semana que preferem são mencionadas abaixo.

Tutor.

Esta posição é ideal para estudantes universitários. Não precisa de um alto nível de destreza manual. Ao rever a informação anterior, poderá obter mais receitas. Em comparação com outros empregos, esta posição é confortável e bem remunerada.

Não só pode melhorar a sua expressividade e resistência na fala, como pode ajudar a consolidar os seus conhecimentos. Mais importante ainda, o seu horário de trabalho é quase aos fins-de-semana ou horas extracurriculares. Por conseguinte, nunca irá dificultar as actividades académicas.

Atendente ou empregado de mesa.

Tem sido popular procurar emprego a tempo parcial em restaurantes de comida rápida como o KFC e o McDonald's. Contratam frequentemente pessoal temporário aos fins-de-semana e feriados. Devido ao salário por hora e ao padrão de trabalho por turnos, só se pode trabalhar aos fins-de-semana. Este trabalho de fim-de-semana não é particularmente tributário, mas é preciso prestar um serviço de atendimento ao cliente cortês e ser capaz de lidar com situações inesperadas.

Estágio.

Os estágios podem beneficiar as carreiras futuras dos estudantes. Os estudantes podem sugerir a si próprios se tiverem demonstrado conhecimentos nas suas áreas de especialidade. No entanto, o seu estágio pode ocasionalmente não ser remunerado. Diferentes empregadores compensam-no de forma diferente.

Em última análise, o seu bem mais importante será a sua experiência profissional e excelentes competências práticas e práticas. Empresas, supermercados, hospitais e instituições públicas normalmente dão oportunidades de estágio a estudantes.

O que farás nos fins-de-semana? Visitar amigos, ir às compras, assistir a uma festa ou jogar jogos online? Talvez todas estas actividades de fim-de-semana estejam fora de moda. Pode juntar-se a várias pessoas que encontram empregos aos fins-de-semana para passar os seus fins-de-semana.

CAPÍTULO 6: GANHAR $1,000 EM APENAS UM FIM-DE-SEMANA.

Todos nós vimos as manchetes na frente das revistas na mercearia afirmando que é fácil ganhar quantias ultrajantes em pouco ou pouco tempo. E é provável que tenha visitado outros websites na sua busca para ganhar mais dinheiro, websites representando uma mansão luxuosa e carros desportivos exóticos na entrada para criar a ideia de riqueza sem esforço.

Comprei as revistas, li os artigos, e comprei vários destes programas online. Todos eles parecem dizer-lhe apenas o suficiente para cumprir a letra da lei, mas nunca lhe dizem tudo o que precisa de saber para ganhar a quantidade de dinheiro que dizem que pode ganhar, o que é extremamente frustrante.

Gostaria, por uma vez, que alguém me dissesse "como" o fazer! Esclareçam-mo! Por favor, simplifiquem-no para que eu o possa compreender!

Assim, é o que farei. Demonstrarei como é viável ganhar $1,000 num único fim-de-semana.

Portanto, vamos começar.

Isto começa com a venda. Não reivindique que não pode vender. Estou confiante de que pode. Vende a si próprio quando se candidata a um emprego, não é verdade? Embora este CAPÍTULO seja para vender, não é o tipo que se pode esperar. As pessoas já vão reconhecer que querem e precisam do que está a vender, por isso não precisa de as convencer a comprá-lo. Há muito pouco a vender para ser feito.

Se conseguir aproximar-se de uma pessoa desconhecida e dizer: "Olá. Como está?" está tudo bem.

Em segundo lugar, é necessário dinheiro para ganhar dinheiro. Seria melhor se tivesse algo para vender, pois haverá um investimento, mas o investimento inicial não precisa de ser de centenas de dólares. Comecei com apenas 200 dólares (reconheço que mesmo 200 dólares é dinheiro para algumas pessoas; eu costumava sentir o mesmo). Alguns indivíduos começam com significativamente menos), mas é difícil fazer dinheiro sem o gastar primeiro, não é?

Em terceiro lugar, lido exclusivamente com artigos novinhos em folha. Não arrasto através de lojas de parcimónia, assisto a vendas de garagem e quintal à procura de artigos para revender ou mergulhar em contentores de lixo.

Então o que é que faço? Vendo em mercados de pulgas. Faço isto há décadas e tenho ganho a vida decentemente a trabalhar sozinho nos fins-de-semana. (Brinco com os meus amigos que os meus fins-de-semana duram cinco dias!)

Não há nenhuma ciência de foguetões envolvida. Eu compro produtos a custos grossistas, e a UPS entrega-mos. Levo-os à feira da ladra no sábado de manhã e exibo-os nas minhas mesas de uma forma atractiva.

Quando os clientes chegam, saúdo-os com um agradável "Bom dia!" e começo uma discussão como se os tivesse conhecido durante anos. Poderia elogiá-los pela cor das suas roupas ou algo do género. Todos gostam de elogios.

Aproximar-se-ão das minhas mesas para examinar as minhas mercadorias quando observarem a minha simpatia. Vou vigiar o seu olhar o mais de perto possível para determinar o seu interesse e descrever os benefícios do artigo - o que pode fazer por eles, como pode tornar as suas vidas mais fáceis ou melhores, etc.

Isto é menos sobre marketing e mais sobre ser útil. Basta sorrir e ser cordial.

Antes que dêem por isso, estão a apanhar os artigos, examinando-os de perto, e a decidir por si próprios se valem o preço que fixei. É o caso, e é feita uma nova venda.

Eu mantenho preços razoáveis. Sim, marco-os para obter um lucro respeitável, mas mantenho os meus preços abaixo do preço de retalho. Os clientes sabem o que os outros retalhistas cobram por coisas semelhantes e adoram um bom negócio.

Coloco nas maiores e mais movimentadas feiras de pulgas, onde passam diariamente pelo meu stand entre 1.000 e 5.000 clientes. Uma percentagem desses indivíduos irá parar e olhar, e uma percentagem daqueles que param e olham irá fazer uma compra.

$1.000 por fim-de-semana equivale a $500 por dia (fim-de-semana de dois dias). Aproximadamente 33%, ou $165, dos $500 em receitas são consumidos pelas despesas (aluguer do espaço e o seu custo grossista dos artigos + entrega). Para ganhar $500 por dia, tenho de ganhar aproximadamente $665 em vendas diárias. Muitas vezes supero isso.

Para ser completamente transparente, não tenho apenas $200 de artigos disponíveis. Tenho entre $1.500 e $2.000 de bens (ao meu custo por atacado). Comecei o meu negócio com apenas $200 porque era tudo o que podia pagar, e reinvesti as receitas comprando mais artigos e aumentando o meu negócio. Ganhei $800 num único dia em apenas alguns meses.

Marquei os meus produtos por cerca de três vezes o seu preço por grosso. Se pagasse $1 por um artigo, vendê-lo-ia por $3 a $4. Se pagasse $10 por ele, cobrava $30 a $40 por ele. A maioria dos clientes compra vários artigos enquanto lá se encontram. Eu faço facilmente muitas centenas de vendas por dia.

Portanto. Será isto um desejo? Não.

Será que funciona? Sim!

Consegue fazê-lo?

Creio que já conhece a resposta.

Nos dias de hoje, muitos indivíduos precisam de um emprego ao fim-de-semana. Aponte para um que pague bem e possa tornar o seu fim-de-semana mais agradável em vez de monótono.

CAPÍTULO 7: PASSOS PARA ENCONTRAR RAPIDAMENTE UM TRABALHO DE FIM-DE-SEMANA.

A vida é imprevisível, e pode necessitar rapidamente de emprego ao fim-de-semana ou a tempo parcial. Aqui estão sete passos que resultam consistentemente em emprego de fim-de-semana no mais curto espaço de tempo.

Passo 1: identifique os seus interesses e pontos fortes.

Pode estar a pensar, mas a posição é em part-time! É verdade. No entanto, muitos empregos a tempo parcial tornaram-se a tempo inteiro quando coincidem com o que inspira ou é uma força do indivíduo.

Além disso, porquê desperdiçar os seus fins-de-semana a fazer algo de que não gosta quando tem alternativas? Faça um inventário rápido dos seus hobbies, pontos fortes e daquilo em que é verdadeiramente bom, e está a caminho de encontrar um óptimo emprego.

Passo 2: Preparar.

A preparação envolve um currículo e outros detalhes, tais como ter correio de voz para garantir que alguém possa contactá-lo. O seu CV não precisa de ser extenso mas deve destacar as suas competências e experiências mais relevantes e apelar às pessoas que partilham os seus interesses e capacidades.

A preparação implica ter informações de referência, informações de emprego anteriores e actuais, e outras informações de que um potencial empregador de fim-de-semana possa necessitar à pressa e prontamente disponíveis.

Além disso, determine antecipadamente o tipo de trabalho que deseja, definitivamente não aceitará e porquê, as horas que está preparado para sacrificar, a distância que está disposto a percorrer para um emprego de fim-de-semana, e quaisquer outras limitações. Distingue o desejável do não negociável, e esteja ciente da razão pela qual estabeleceu limites tão rígidos. Proteja o seu perímetro.

Passo 3: Submeter uma candidatura online.

Procurar locais de trabalho a tempo parcial e apresentar candidaturas para todas as posições relevantes.

Passo 4: Aplicar Face-a-Face.

Depois de se ter candidatado às oportunidades online, deve começar a bater às portas. Isto implica andar pelo centro comercial e perguntar a todos os potenciais clientes se estão a contratar. Compreendo que isto possa parecer estranho, mas como pensa não faz diferença. Estou espantado com o número de mudanças a tempo parcial resultantes da pergunta:

"Está à procura de trabalho ao fim-de-semana ou a tempo parcial? Por vezes é tão simples como isso.

Passo 5: Construa a sua rede.

Informe a sua rede social que procura um emprego de fim-de-semana ou a tempo parcial e o tipo de trabalho de que gosta. A maioria dos cargos não são divulgados, e a maioria das empresas prefere adquirir rapidamente pessoal, particularmente para trabalho a tempo parcial. Isto implica que querem confiar nas referências dos empregados, tornando ainda mais vital que informe a sua rede das suas exigências. Eles ajudá-lo-ão.

Passo 6: Manter a contabilidade.

Mantenha-se a par de com quem falou, particularmente se precisar de os contactar novamente. O sucesso está no seguimento. Muitas vezes, eles podem não ter uma abertura imediata, mas se lhe pedirem para verificar, tome nota e faça-o e será distinto da multidão. Mantenha registos para que o seu segundo seguimento seja mais eficaz.

Passo 7: Aumente as suas escolhas.

Se ainda não encontrou um trabalho de fim-de-semana ou a tempo parcial, pode precisar de procurar opções de trabalho em casa. Existem entradas de dados legítimas, montagem em casa, escrita, e outras oportunidades de trabalho em casa. Evite ocupações que soem demasiado bem ou que não utilizem as suas competências e capacidades únicas.

CAPÍTULO 8: AS MINHAS 50 MELHORES FORMAS DE GANHAR $100 ONLINE NUM FIM-DE-SEMANA.

Pode ganhar $100 online em um ou dois dias no fim-de-semana, desde que tome as medidas apropriadas. Aqui estão 50 maneiras de o conseguir e fazer um fluxo constante de outros rendimentos a tempo parcial.

1. Crie um livro electrónico gratuito sobre um tema de tendências e venda os seus clientes a uma oferta especial. Distribua-o online gratuitamente.

2. Criar uma resenha de um produto ou livro popular, publicá-la no seu blog ou website com um link de afiliação e distribuir a sua peça num grande número de redes sociais e outros websites.

3. Se já tiver uma lista de emails, pode enviar um email promovendo um novo produto para si ou para outra pessoa, como parte de um email com conteúdo valioso.

4. Escreva três a cinco artigos pendentes para examiner.com e promova-os.

5. Publique múltiplas entradas novas no blogue com o Google AdSense e distribua-as no Twitter, Facebook, e outras redes sociais e sites de bookmarking. Torne-os actuais, pertinentes e envolventes.

6. Criar algumas críticas em vídeo de livros populares ou outros produtos e publicitá-los com um link de afiliação em múltiplos sites de partilha de vídeos.

7. Criar uma oferta quente e uma peça de conteúdo quente, depois partilhar o conteúdo com um link para a oferta quente no Facebook.

8. Utilizar a função de pesquisa do Twitter para localizar pessoas que procuram uma solução para um problema e conceber um produto que responda ao seu problema ou que ofereça um produto afiliado.

9. Oferecer um produto que aborde um problema ou responda a um tópico urgente que as pessoas estejam a perguntar em quadros de mensagens e fóruns.

10. Visitar grupos do Facebook e realizar as mesmas acções que nos números 8 e 9.

11. Criar um breve leilão do eBay para um produto popular e vendê-lo.

12. Distribuir um livro electrónico gratuito, incluindo links de afiliados, e exortar os indivíduos a divulgá-lo.

13. Organizar uma festa na Internet e vender certas coisas em grande procura.

14. Cobrar uma taxa de participação num teleseminário sobre um tópico popular.

15. Cobrar uma taxa pela participação num webinar sobre um tópico quente.

16. Promover uma oferta de produtos para todo o mundo.

17. Criar uma série de vídeos online sobre um tema de tendências. Dar uma de graça e vender as outras.

18. Passar o dia inteiro a realizar inquéritos pagos.

19. Criar um website de página única com informações valiosas e incluir um botão de doação PayPal, solicitando aos visitantes que contribuam com o que considerarem que o seu conteúdo vale a pena.

20. Tire algumas fotografias adoráveis e sofisticadas. Publique as suas fotografias no Facebook

ou noutro website popular e ofereça aos visitantes a oportunidade de comprar impressões.

21. Carregue algumas t-shirts, autocolantes, e outros produtos únicos no Café Press e comercialize agressivamente o seu website.

22. Crie alguns logótipos de alta qualidade e disponibilize-os para compra.

23. Crie uma série áudio paga semelhante a um podcast e venda-o.

24. Encontrar um negócio que precise de um anúncio em vídeo. Criar o anúncio e publicá-lo em linha em seu nome.

25. Encontrar um negócio que precise de um website e desenvolvê-lo para eles.

26. Oferecer-se para produzir testemunhos em vídeo na Internet para algumas empresas. Cobrá-los por este serviço.

27. Encontre um cliente que precise de um escritor freelancer e passe o seu tempo a criar artigos para eles.

28. Pode vender espaço publicitário no seu website com tráfego suficiente.

29. Encontre um website que precise de vender alguns anúncios e solicite uma quota de receitas. Depois, contacte os potenciais compradores e proponha a venda da publicidade.

30. Encontre algumas empresas dispostas a pagar-lhe para ajudar a rever os seus produtos no seu blogue.

31. Ofereça-se para escrever mensagens no blogue para alguém em troca de uma compensação.

32. Encontre os livros mais vendidos na Amazon e faça anúncios em texto e vídeo com o seu link de afiliado.

33. Ofereça-se para falar como convidado num teleseminário e pague pela sua perícia.

34. Oferta para aparecer numa emissão televisiva em directo sobre um assunto em que tenha conhecimentos e solicite pagamento.

35. Planear um evento ao vivo sobre um tema de tendências e vender bilhetes online.

36. Combine alguns dos seus melhores conteúdos num produto informativo, venda-o por um preço ridiculamente baixo e promova-o de forma agressiva.

37. Ofereça-se para preparar refeições deliciosas e fáceis de preparar para as pessoas, depois anuncie-as online na sua região local e entregue-as.

38. Organize um concurso durante algumas horas em que os indivíduos podem ganhar bens populares de alto valor e oferecer àqueles que não ganharam um desconto substancial no produto.

39. Ofereça-se para escrever e enviar postais ou postais para uma pequena empresa ou pessoa que precise de muitos cartões ou postais enviados.

40. Anunciar que pode realizar serviços de correio local para alguns indivíduos.

41. Encontre vários assuntos sobre os quais pode escrever em Conteúdo Associado e componha os artigos correspondentes.

42. Ofereça os seus serviços como assistente virtual de fim-de-semana a uma empresa que necessita de um mínimo de trabalho na Internet.

43. Anunciar que pode conduzir a digitação de fim-de-semana a partir de casa para um ou dois clientes.

44. Visite upwork.com e procure trabalhos que pode licitar e completar com sucesso.

45. Se fala uma língua estrangeira, pode descobrir alguém que precisa de trabalho de tradução online.

46. Tire fotografias de alguns animais adoráveis e venda as imagens online com a permissão dos proprietários.

47. Criar e vender algum material original de PLR.

48. Criar cestos de oferta e vendê-los juntamente com os seus outros produtos ou como uma promoção de um fim-de-semana.

49. Encontre um negócio que precise de ajuda para criar as suas páginas de rede social e faça-o por eles.

50. Encarregue as pessoas de assistir a uma palestra ou conferência virtual que vise um nicho específico.

CONCLUSÃO.

Hoje em dia, todos procuram dinheiro extra. Se estiver na escola ou empregado num escritório, só terá tempo para ganhar dinheiro extra nos fins-de-semana. Seja empresário aos fins-de-semana e ganhe outro dinheiro.

Há muitas oportunidades de ganhar dinheiro nos fins-de-semana, se tiveres recursos suficientes. Existem diferentes oportunidades de emprego aos fins-de-semana para quem procura ganhar dinheiro extra nos fins-de-semana.

Se tiver um computador e uma ligação à Internet, pode primeiro considerar trabalhar a partir de casa e ganhar dinheiro. A Internet é um dos maiores mercados do mundo. Utilizando os recursos da Internet, não há limite para o quanto se pode ganhar.

Antes de começar, deve realizar uma extensa pesquisa para determinar a sua área de interesse e o campo que melhor se adequa ao seu tempo disponível e ao seu horário de trabalho.

Pode mesmo fazer isto duas vezes por semana para ganhar dinheiro extra. Muitos periódicos e jornais estão continuamente à procura de pessoal de entrega ao fim-de-semana. A entrega de jornais poderia ser outra opção a considerar. Pode descobrir informações relevantes no seu jornal local.

Se tem uma paixão pela jardinagem, pode também considerar ser um jardineiro de fim-de-semana. Plante árvores, limpe e corte relva e desfrute do seu hobby enquanto ganha outro dinheiro. Certamente, os seus vizinhos estão à procura de alguém como você.

Precisa de motivação, iniciativa, e zelo para ser um empresário de sucesso. Os dólares são uma consequência natural. Seja um empresário aos fins-de-semana e ganhe outro dinheiro.

Tente o que fiz se precisar de dinheiro imediatamente ou dentro de uma hora. Estou a ganhar mais dinheiro hoje do que ganhei no meu negócio anterior, e você também pode, se clicar no link abaixo e ler a incrível história verdadeira. Suspeitei durante apenas dez segundos após a minha entrada, antes de saber o que era isto. Também estará a ser teletransportado de orelha a orelha, como eu fui.

Como podem ver, há muitas opções para as mães ganharem um sustento razoável, trabalhando simplesmente aos fins-de-semana. A maioria das pessoas não se apercebe que um negócio de fim-de-semana pode ser expandido para onde nunca mais precisará de outro emprego de 9 para 5. Se ainda não tem a certeza sobre estes métodos de ganhar dinheiro, deve saber que muitas outras opções estão disponíveis.

Em primeiro lugar, deve ter tudo devidamente configurado. Isto implica fornecer ao seu escritório em casa o equipamento necessário, incluindo um computador e confortáveis cadeiras de escritório em casa. Tem de perceber que para ganhar dinheiro online.

Habilidades de Gestão para Gestores.

1. Gestão do Tempo para Gestores
2. Coaching de Gestores para Empregados
3. Formação de Equipas para Gestores
4. Autoconfiança para os Gestores
5. Habilidades de Negociação para Gestores
6. Habilidades de Serviço ao Cliente para Gestores
7. Assertividade para os Gestores
8. Etiqueta Empresarial para Gestores
9. Habilidades de Audição para Gestores
10. Habilidades de Liderança para Gestores
11. Habilidades de Comunicação para Gestores
12. Habilidades de Apresentação para Gestores
13. Gestão de Stress para Gestores
14. Tomada de decisões para os Gestores
15. Gestão de Conflitos para Gestores.

Série: Liberdade financeira em qualquer idade.

- Alcançar a liberdade financeira na casa dos 20
- Alcançar a liberdade financeira na casa dos 30
- Alcançar a liberdade financeira na casa dos 40
- Alcançar a liberdade financeira na casa dos 50
- Alcançar a liberdade financeira na década de 60
- Alcançar a Liberdade Financeira na década de 70 e mais além.
- Alcançar a Liberdade Financeira nas crianças
- Alcançar a liberdade financeira nos adolescentes
- Alcançar a Liberdade Financeira nos estudantes universitários.

> Esquemas financeiros a ter em conta na reforma.

Série: Finanças pessoais para si.
> Compra e Venda de Cripto para Principiantes
> Porque Investir em Acções de Dividendos Faz Sentido.

Série: Riqueza 2022.

> Empreendedorismo Online.
> Iniciar o seu próprio negócio
> Gestão da Riqueza
> Rendimento Passivo.
> 12 Passos para iniciar o seu próprio negócio.

Série: Excelente Serviço ao Cliente.
> Excelente serviço ao cliente no retalho
> Excelente Serviço ao Cliente em Fast Food
> Excelente serviço ao cliente no Restaurante Full-Service
> Excelente Serviço ao Cliente no Ensino.
> Excelente Serviço de Apoio ao Cliente em Imóveis
> Excelente serviço ao cliente num Call Center

- Excelente Serviço de Atendimento ao Cliente como Recepcionista
- Excelente Serviço de Atendimento ao Cliente num Hotel
- Excelente Serviço ao Cliente na Venda
- Excelente serviço ao cliente Não importa a situação.
- Excelente Serviço ao Cliente no Consultório Dentário
- Excelente Serviço ao Cliente no Consultório Médico.

Série: Dinheiro rápido.

- Dinheiro rápido numa semana
- Dinheiro rápido num fim-de-semana
- Dinheiro rápido num mês
- Dinheiro rápido para estudantes.

Série: Como Promover.

- Como fazer o seu negócio prosperar durante uma recessão
- Como promover o seu livro de receitas
- Como promover o seu livro infantil.

Autor Bio

D.K. Hawkins. D.K. gosta de ler livros pessoais de negócios, bem como de passar tempo ao ar livre. Mais livros virão nesta colecção, por isso, por favor siga na Amazon para mais livros.

Obrigado pela sua compra deste livro.

Sinceramente, aprecio-o e aprecio-o a si, meu excelente cliente.

Deus vos abençoe.

D.K. Hawkins.

www.ingramcontent.com/pod-product-compliance
Lightning Source LLC
Chambersburg PA
CBHW050011230526
45465CB00003BB/1370